John R. McCollins

DIE LICHTREIHE

Der Weg zu den goldenen Toren

ERGÄNZUNGSBAND ZUM EBOOK

Auszug aus der Printausgabe zum ‚Basteln' der beiden Modelle der Wirklichkeitsstrahlen

Impressum:

John R. McCollins
c/o Fakriro GbR / Impressumservice
Bodenfeldstr. 9
91438 Bad Windsheim

Fotos, Grafiken, Gestaltung, Umschlag und Satz: Autor

ISBN: 978-3-759228-46-8
Preis: 7,99 €

Herstellung und Druck über tolino media GmbH & Co. KG, Albrechtstr. 14, 80636 München. Printed in Germany. Fragen zu Produktsicherheit an: gpsr@tolino.media.

Inhaltsverzeichnis

Von der Idee der ‚real existierenden Gesamtwelt'

Ausgehend von den Ergebnissen der im letzten Kapitel von uns gemachten Überlegungen wollen wir zunächst einmal die Annahme treffen, dass diese für uns sinnlich erfassbare Welt nur ein (kleiner) Teil der tatsächlich und ‚real existenten Gesamtwelt' ist.

Wenn wir dies, so zusagen, als Starthese einfach einmal annehmen wollen, ist es jetzt für uns an der Zeit, Schere, Lineal und Klebeband bereit zu legen, denn wir wollen uns jetzt GEMEINSAM einen ‚WIRKLICHKEITSSTRAHL' basteln.

1. Trennen Sie dazu zunächst einmal die Seite 5/ 6 vorsichtig aus diesem Buch heraus.
2. Folgen Sie jetzt den mit 1 bis 3 gekennzeichneten Arbeitsschritten
3. Die nach hinten umgelegten ‚Flügel' des ‚Reiter A' können Sie gerne mit einem kurzen Stück Klebeband sichern

Die vollständige und ausführliche ‚Bastelanleitung' finden Sie auch nachfolgend als ‚Fotostrecke'.   :-)

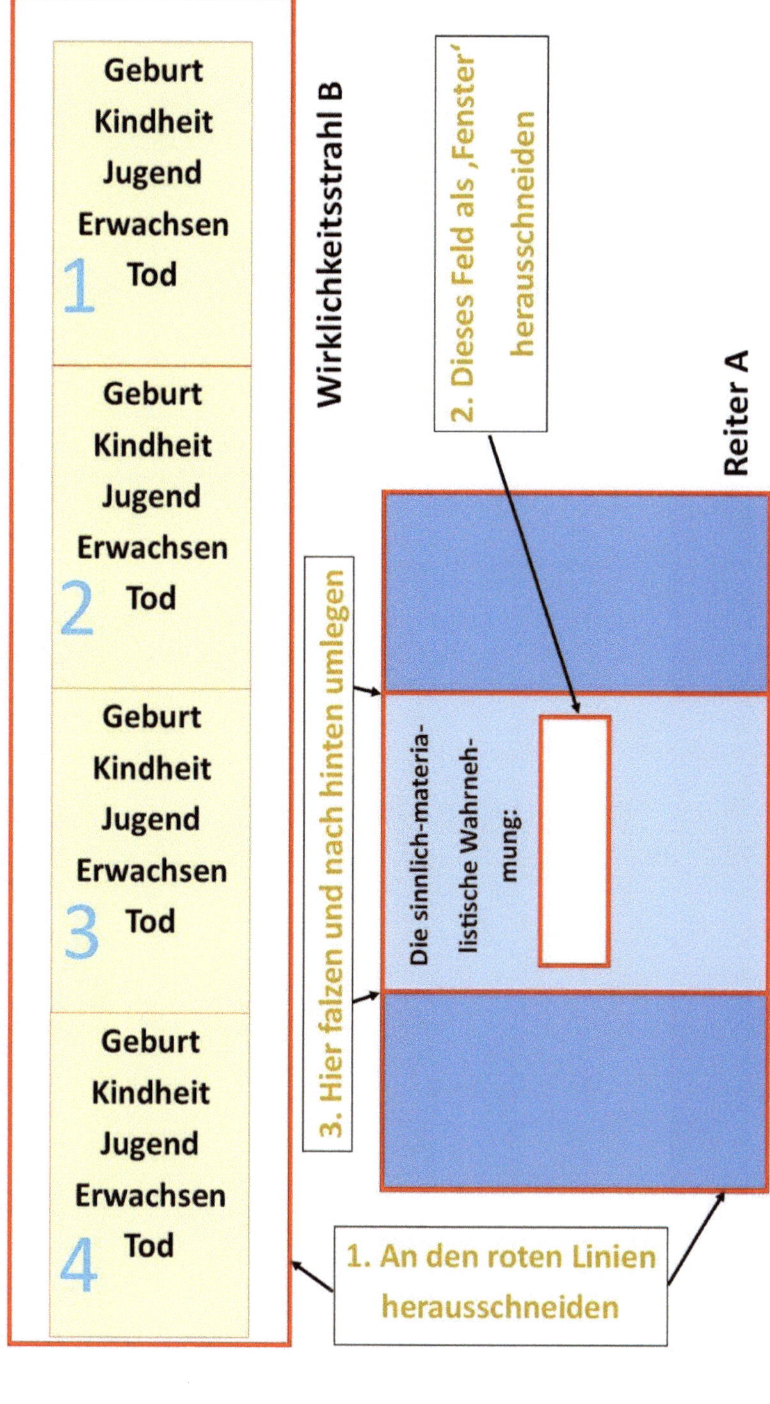

Geburt
Kindheit
Jugend
Erwachsen
1 Tod
Geburt
Kindheit
Jugend
Erwachsen
2 Tod
Geburt
Kindheit
Jugend
Erwachsen
3 Tod
Geburt
Kindheit
Jugend
Erwachsen
4 Tod
Wirklichkeitsstrahl B
2. Dieses Feld als ‚Fenster' herausschneiden
Reiter A
3. Hier falzen und nach hinten umlegen
Die sinnlich-materia-
listische Wahrneh-
mung:
1. An den roten Linien herausschneiden

FOTOSTRECKE:

Wir basteln uns einen ‚sinnlich-materialistischen Wirklichkeitsstrahl' :-)

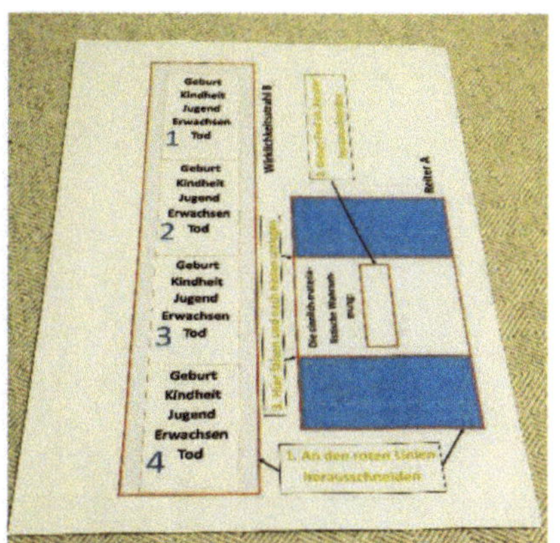

Die herausgetrennte Buchseite

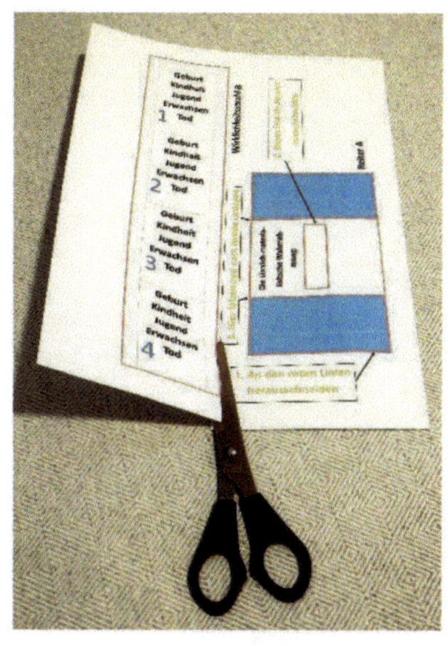

Schneider Sie den Reiter und den Strahl an den roten Linien heraus

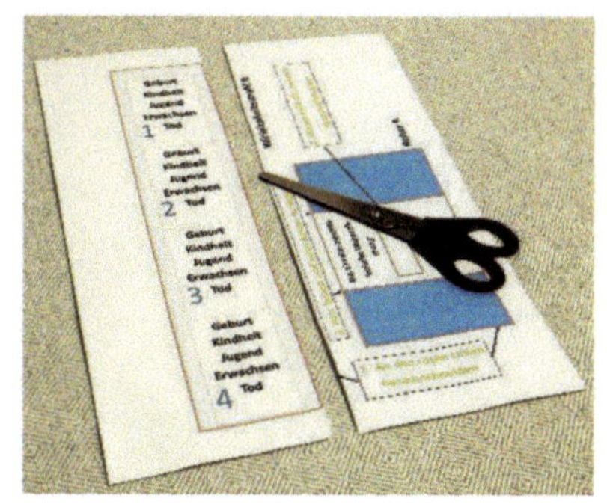

Der herausgetrennte Wirklichkeits-Strahl

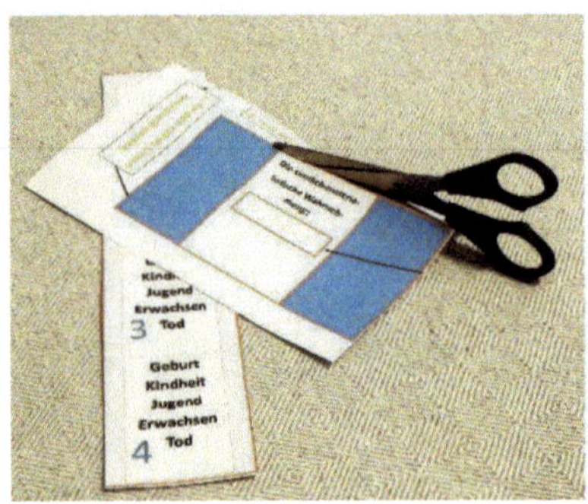

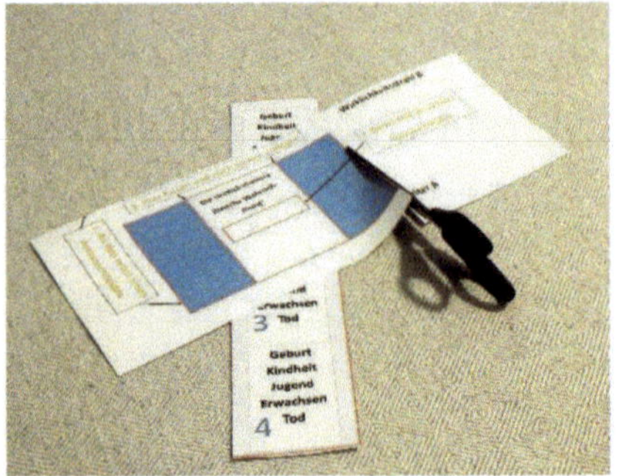

Und nun noch der Reiter...

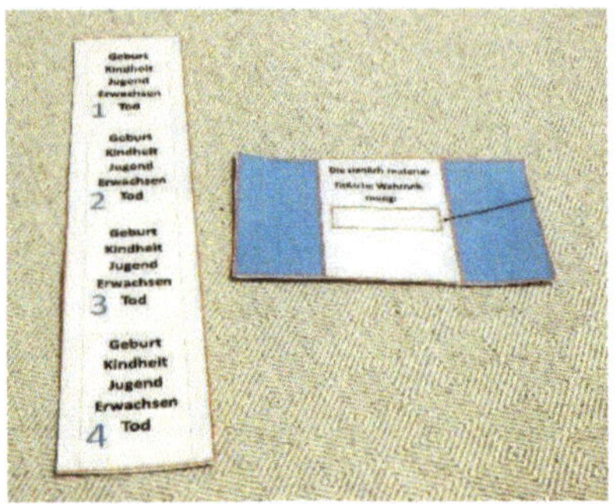

Reiter und Strahl fertig herausgeschnitten

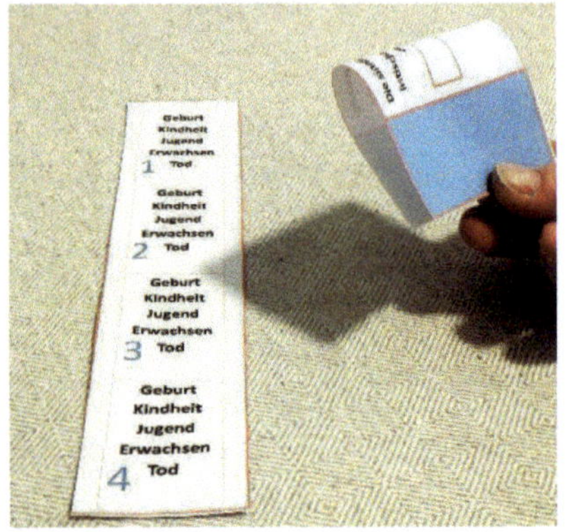

Knicken Sie den Reiter jetzt mittig. Das erleichtert das Herausschneiden des Sichtfensters

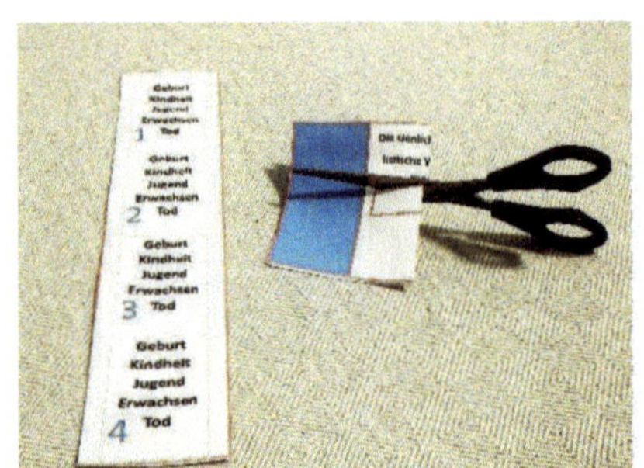

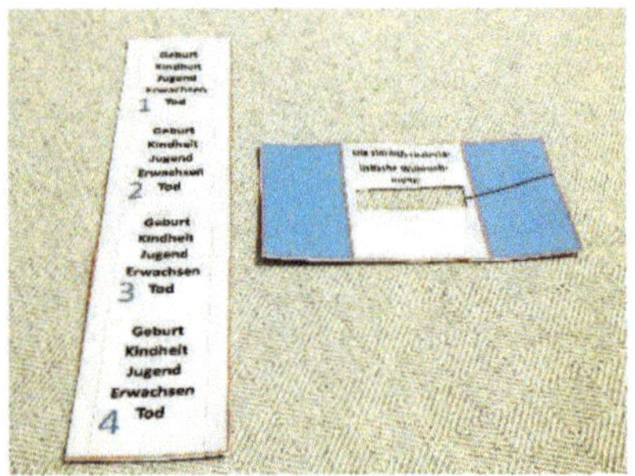

Reiter mit vollständig herausgetrenntem Sichtfenster

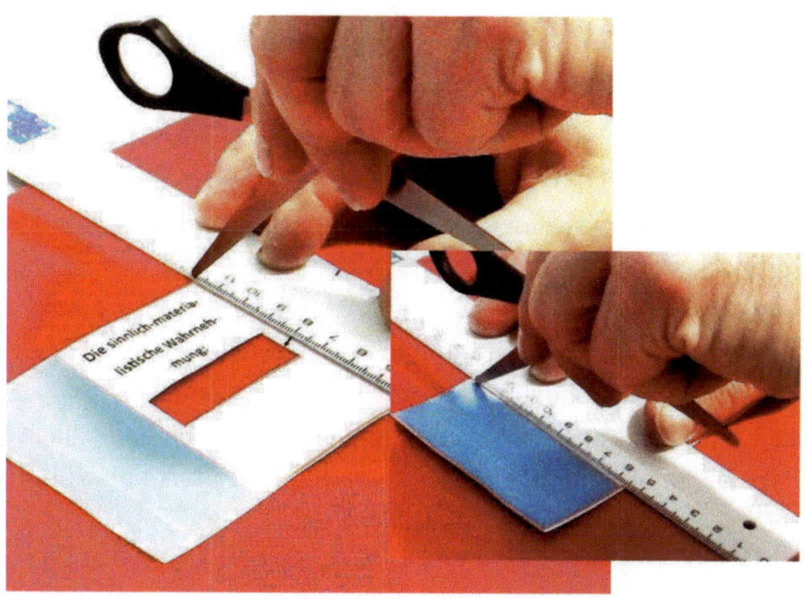

Nun noch beide Knickkanten zum Beispiel auf einem Frühstücksbrettchen anritzen

Jetzt noch die Flügel nach hinten umlegen und mit einem Stück Klebeband fixieren - fertig ist unser ‚sinnlich-materialistischer' Wirklichkeitsstrahl :-)

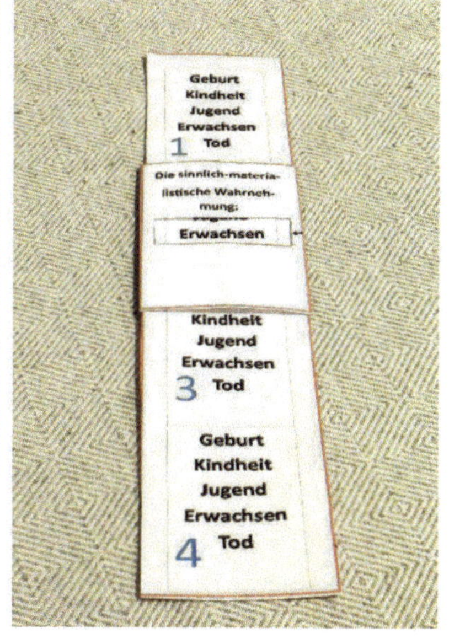

Von der Suche nach der ‚sinnlich-materialistisch' erkennbaren ‚Wirklichkeit'

Im vorherigen Kapitel haben wir gemeinsam einen ‚Wirklichkeitsstrahl' unserer bisherigen und somit ausschließlich ‚sinnlich-materialistischen' Wahrnehmung der uns umgebenden real existierenden Gesamtwelt ‚gebastelt'.
An Hand dieses (vereinfachten) Modells wollen wir nun gemeinsam versuchen, uns dem Verständnis dieser Wahrnehmungsebene zu nähern und versuchen, ein erstes Verständnis zu unseren bisherigen Inkarnationen zu gewinnen. Wir werden dabei auch die Frage beantworten, warum wir uns bisher noch nicht an frühere ‚Leben' auf dieser Erde erinnern können.
Wie es uns seit unserer Geburt in dieses aktuelle Leben auf dieser Erde ‚allgegenwärtig' ist, gilt auch für den Reiter der ‚sinnlich-materialistischen Wahrnehmung' die Beschränkung, sich stets nur in Richtung Zukunft bewegen zu können. Ein ‚Zurückgehen' in unsere ‚Vergangenheit' ist derzeit und, solange wir nicht unseren WILLEN dazu einsetzen, uns an frühere Ereignisse dieses Lebens bewusst erinnern zu wollen, derzeit (noch) nicht möglich.

Bevor wir mit den ersten Versuchen unseres ‚Wirklichkeitsstrahls' beginnen, wollen wir noch einmal die Grundlagen dieses (vereinfachten) Modelles kurz zusammenfassen:

- der Strahl umfasst zunächst einmal insgesamt vier Inkarnationen, oder wenn man so will, Leben auf dieser Welt
- diese sind mit den Ziffern 1 bis 4 gekennzeichnet
- sichtbar ist für uns jedoch OHNE jegliche Willensanstrengung nur der in unserem Fenster sichtbar gewordene Bereich des aktuellen Lebens; alle anderen

Bereiche und ‚Leben' sind für uns so nicht sichtbar und somit auch nicht von uns erkennbar

- der Reiter unterliegt der Beschränkung, sich ausschließlich und durch uns scheinbar unaufhaltsam in der ‚Zeit' nach vorne zu bewegen. Die ‚sinnlich-materialistische Wahrnehmung' unterliegt somit VOLLSTÄNDIG den Zwängen der ‚Jetzt-Zeit' und des ‚Hier-Raumes'.

Basierend auf unserer Start-Annahme, dass Sie sich gerade im zweiten Leben und im Erwachsenenalter befinden, lassen Sie uns den Reiter somit auch dorthin bewegen:

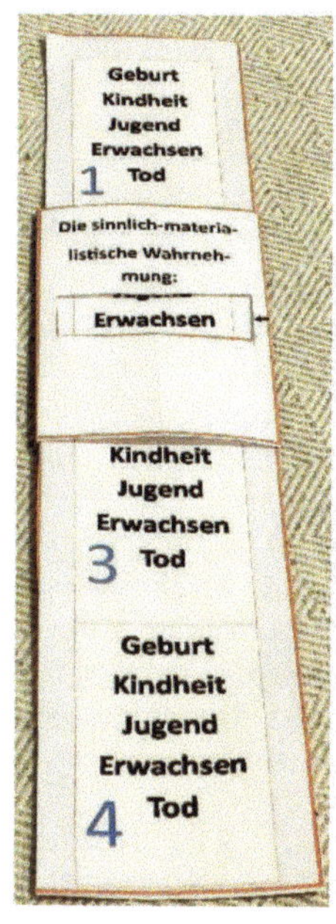

<-- Der Reiter sollte sich jetzt in etwa an dieser Stelle befinden.

<-- Wir können somit den gesamten Bereich unseres ‚Erwachsen-seins' überblicken und eine schwache Erinnerung an die zeitlich letzten Ereignisse unserer Jugend erkennen.

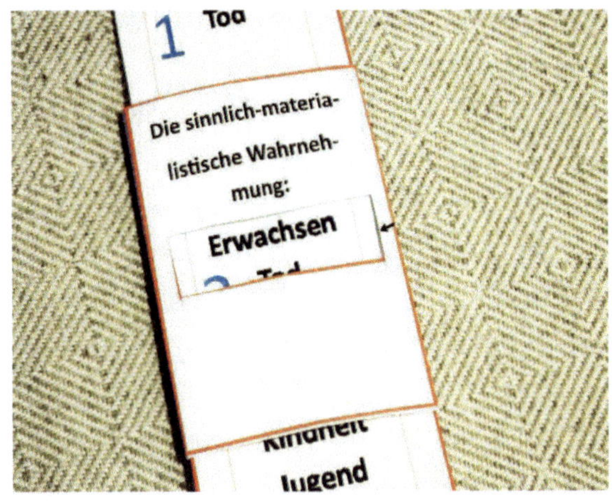

<-- Kommen Menschen, welche sich bereits von allen negativen (dunklen) Eigenschaften befreit haben, an das Ende ihres aktuellen Lebens, tritt bereits eine ruhige Klarheit in ihr Denken, Fühlen und Handeln. Der Tod als solcher hat alle vermeintlichen Schrecken für sie verloren [1]

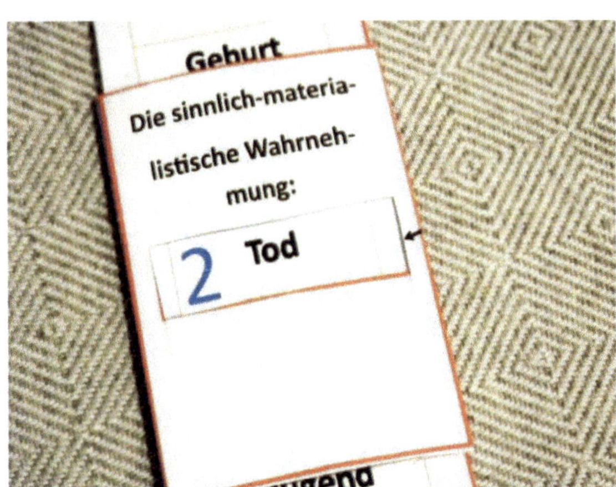

<-- Diesen Menschen offenbart sich im Moment, wenn wir dieses Leben verlassen und der Tod an die Stelle unseres unsterblichen ‚ICH-SELBST' nunmehr in diese sterbliche Hülle unseres irdischen Körpers eintritt, dass dieses Leben nicht das Einzige für uns gewesen ist (hier klar erkennbar: die zweite Inkarnation unserer Seele auf Ihrem Weg zur Erfüllung unseres Weges als Menschen).

---

[1] „So ist der Tod, das schrecklichste der Übel, für uns ein Nichts: Solange wir da sind, ist er nicht da, und wenn er da ist, sind wir nicht mehr". [hier] Epikur

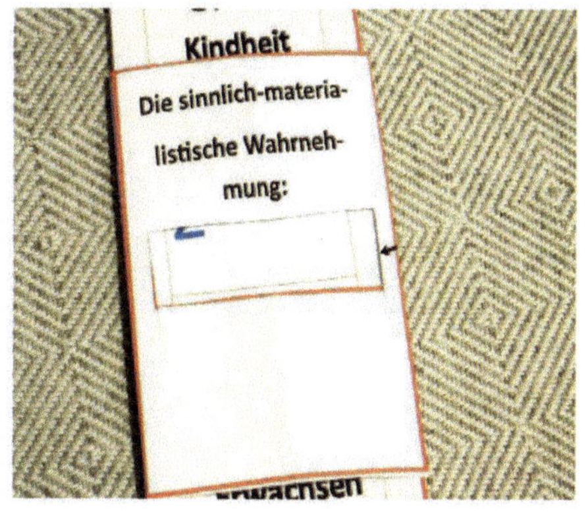

<-- In dem Moment, wenn wir als ICH-SELBST diesen irdischen Körper vollständig verlassen, haben unser unsterbliches ICH-SELBST, unser Geist und unsere SEELE, die Wahl, einen neuen ‚Lebens-Keim zu ergreifen', um wieder auf dieser Welt inkarniert zu werden (durch die rote Linie symbolisiert). Auch hier hat der Volksmund eine passende Redewendung parat. Was denken Sie, könnte wohl das nachfolgende Sprichwort meinen?

„Sie überschreiten eine rote Linie damit…"
Deutsches Sprichwort

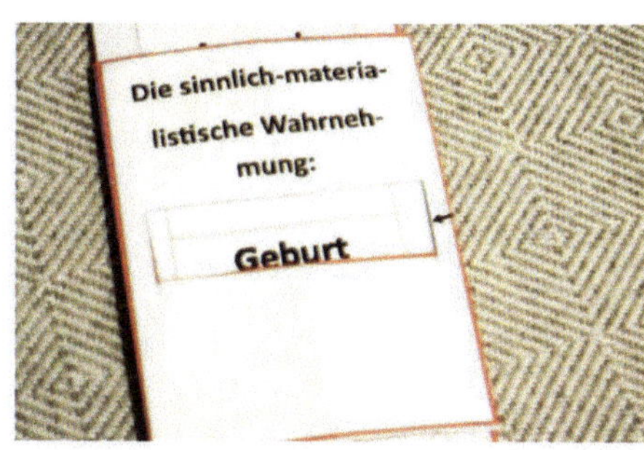

<-- Das Ergreifen des neuen irdischen Lebenskeims bedingt und ermöglicht demjenigen eine weitere Inkarnation, eine weitere ‚Geburt' auf dieser Welt.

Seien Sie sich jedoch immer gewiss: auf diesem Erkenntnisstand ergreift der nunmehr körperfrei gewordene Mensch [2] regelmäßig diesen neuen Lebens-Keim.

---

[2] siehe auch Kapitel: ‚Die Kunde vom körperfreien Menschen' der Gesamtausgabe dieses Buches

Die irdische Erinnerung daran, wie auch jegliche andere irdische Erinnerung an das **frühere** Leben, verschwinden jedoch mit dem Überschreiten dieser ‚Roten Linie' aus dem irdischen Bewusstsein.

Zweiter Teil

Auf dem Weg zur göttlichen Erkenntnis

„Auf die Haltung allein kommt es an. Denn nur sie allein ist von Dauer und nicht das Ziel, das nur ein Trugbild des Wanderers ist, wenn er von Grat zu Grat fortschreitet, als ob dem erreichten Ziel ein Sinn innewohnte."
Antoine de Saint-Exupéry

Auf dem Weg zum Erkennen der ‚göttlichen URSACHEN' der uns umgebenden Erscheinungen

Wie uns schon in den vorangegangenen Kapiteln deutlich geworden ist, können wir die tatsächlichen URSACHEN, die HINTER den ERSCHEINUNGEN, die bis in unsere mit den bisherigen menschlichen Sinnen wahrnehmbare Welt wirken, bisher (noch) nicht wahrnehmen.

So wie bei der Schwarz-Weiß-Fotografie können wir so leider nur ein teilweises Abbild der für uns in unserer Sinneswelt existierenden Farbenpracht wahrnehmen. ‚Farbenblinde' Menschen zum Beispiel können so manche Farbtöne nicht als die uns scheinbar so geläufigen Farben wahrnehmen und sehen so anstelle dieser, wie eben bei der ‚Schwarz-Weiß-Fotografie', nur Grautöne. Bedeutet das nun, dass diese Farben nicht ‚real' existent wären, nur weil diese Menschen diese nicht sehen, nicht wahrnehmen, können? Und genau so, wie in diesem stark vereinfachten Beispiel dargestellt, ist es auch mit unseren auf unsere Sinne begrenzten Wahrnehmungen und der Welt da draußen. Auch wir können, genau wie der Farbenblinde, diese höheren (geistigen) Welten eben (noch) nicht oder nur schemenhaft (zum Beispiel in vermeintlichen Träumen) wahrnehmen. Heißt das nun etwa, dass sich diese, für andere ganz klar erkennbaren und nur für uns (noch) verborgenen Welten deshalb nicht existent wären?

„Unsere Träume sind das, was uns am meisten ähnelt."
Victor Hugo

Wie bei einem Blinden, der durch eine Operation zum ersten Male in diesem Leben ‚sehend' geworden ist, müssen wir unsere ‚Augen' und unsere Sinne zum ‚Schauen' dieser höheren (geistigen) Welten erst entwickeln, dann diese Sinne für uns öffnen und sie danach auch noch (wie in unserem Beispiel die Wärmebildkamera) zu benutzen lernen.

Wie können wir uns aber jetzt diese ‚göttlichen Sinne' vorstellen, wenn uns doch bisher nur unsere sechs Sinne, wie Sehen, Hören, Schmecken, Fühlen und so weiter geläufig sind und wir daher noch keinerlei Vorstellung hiervon entwickeln konnten?

„Das große Bild gibt sich nicht als Bild zu erkennen: es ist. Oder genauer: Du befindest Dich darin."
Antoine de Saint-Exupéry

Stellen Sie sich vor, ein (möglicherweise göttlicher) Maler habe Sie in sein riesengroßes Gemälde ‚hineingemalt' oder hineingestellt. Die von ihm dabei verwendete Leinwand ist in dem Keilrahmen flach aufgespannt und besitzt daher auch nur zwei Ausdehnungen. Die Höhe und die Breite dieses Bildes. Und so sind auch Sie, was Ihnen jedoch zuerst einmal leider nicht selbst auffallen kann, da Ihnen ja die uns scheinbar so geläufige DRITTE DIMENSION FEHLT, leider auch nur als ‚FLACHMENSCH' geboren. Sie besitzen in diesem Bild eben auch nur eine Breite und eine Höhe. Mehr noch, Sie haben keinerlei Vorstellung davon, was eine ‚dritte Dimension'

überhaupt sein könnte. Diese wäre unserer bisherigen ‚Scheinlogik' folgend, somit auch NICHT EXISTENT. Sie schauen sich in dieser (leider nur zweidimensionalen Welt) jetzt rechts und links und unten und oben ein wenig um. Neben sich sehen Sie genau solche ‚Flachmenschen', wie Sie es in diesem Bild auch sind. Diese scheinen gerade als Familie zum Abendessen zusammen zu sitzen. Es gibt dort heute ‚Flachrouladen' mit ‚Flachsoße' und ‚Flachklößen'. :-) Sie sehen dort aber auch Häuser und Bäume und Blumen und Berge, alles das, was uns auch in unserer ‚sinnlich-materialistischen' Welt scheinbar so geläufig ist. Allerdings scheinen wir hier in dieser unserer sinnlichen Welt jeweils über eine Dimension mehr, eben die Erhebung oder auch die Dicke dieser Objekte, zu verfügen.
Der klare Vorteil der zweidimensionalen Welt liegt jedoch darin, dass man dort so viel essen kann wie man möchte, ohne dabei jedoch ‚dicker' zu werden, da diese Dimension ja dort vollständig unbekannt ist und vollständig durch Abwesenheit ‚glänzt'. Sie können dort eben nur in ‚die Breite gehen'. Vielleicht stammt dieser Ausdruck sogar von dort. ;-)

Lassen Sie uns jetzt jedoch zu der WAHREN Bedeutung dieses Bildes für unseren Prozess des ERKENNENS der uns umgebenden GESAMT-Welt kommen.

Wenn Sie ausschließlich in der zweidimensionalen Welt dieses Bildes behaftet bleiben, werden Sie niemals in der Lage sein:

1. zu erkennen, dass dies ein zweidimensionales Bild ist
2. sich über dieses Bild (auch gedanklich) zu erheben
3. dieses Bild als das, was es ist, eben als BILD, von einem HÖHEREN STANDPUNKT aus zu betrachten, UM die

BEDEUTUNG oder BOTSCHAFT, die HINTER diesem GESAMT-BILD oder auch IN diesem GESAMT-BILD verborgen ist, zu begreifen.

Sie können somit:

„Den Wald vor lauter Bäumen nicht sehen."
Deutsches Sprichwort

Und dies sind, wenn auch sehr simpel und vereinfacht dargestellt, genau die Dinge, welche so auch in unserer GESAMT-WELT wirken. In der GESAMT-WELT, von der wir bisher eben auch nur einen sehr kleinen Teil (in unserem Beispiel waren das die zwei Dimensionen ‚Höhe' und ‚Breite') mit unseren sechs Sinnen wahrnehmen können.

Übrigens ist das soeben von uns nachvollzogene Gedankenexperiment dieser nur zweidimensionalen Welt eines ‚Bildes', gar nicht so abstrakt, wie man vielleicht zuerst anzunehmen gewillt war.
Solche ‚zweidimensionalen Welten', welche uns jedoch scheinbar so ‚geläufig' und so ‚real' vorkommen, gibt es tatsächlich auch in IHREM Alltag. :-)
Was meinen Sie, worum könnte es sich hierbei wohl handeln?
Nun, immer wenn Sie einen Sie positiv emotional berührenden Film im Kino oder im Fernsehen anschauen, tauchen Sie auch in die Welt dieses Filmes komplett ein. Diese Handlung dort wird für Sie zur (scheinbaren) Realität, obwohl uns doch dort, unbestritten und objektiv betrachtet, nur eine zweidimensionale ‚Bilderwelt' gegenübertritt. Sie sind mit Ihrem dreidimensionalen Denken in dieser zweidimensionalen ‚Bilder-Welt' unterwegs und haben

trotzdem den Eindruck, sich in einer dreidimensionalen Welt zu bewegen.
Mehr noch; während Sie so in diese Handlung ‚eingetaucht' sind, hat die Sie umgebende Umwelt jegliche Bedeutung für Sie verloren. Sie nehmen nicht einmal mehr zum Beispiel den Fernseher als Fernseher, in welchem dieser Film ja abläuft, war.

Was ist während dieses Filmes jetzt zur (scheinbaren) ‚Realität' für Sie geworden'? Der Fernseher als Fernseher, oder wohl eher die Handlung dieses Filmes? Dieses Filmes, dessen Einzelbilder ja eben auch nur jeweils eine Höhe und eine Breite besitzen und denen somit die uns scheinbar so geläufige dritte Dimension fehlt.
Und, um es noch einmal exakt auf den Punkt zu bringen; Sie haben die zweidimensionale Welt aus Breite und Höhe dieses Filmes soeben als dreidimensionale REALITÄT erlebt, obwohl dort niemals eine DRITTE Dimension vorhanden war.
Oder, um es noch genauer zu beschreiben; der Film, welchen Sie sich gerade angesehen haben, ist eben auch nur ein WEITERES Beispiel für ‚Maya' [3]. Für die uns umgebende Scheinwelt, die den eben noch nicht kritisch hinterfragenden Menschen tagtäglich umgibt und meistens von diesem nicht einmal als solche wahrgenommen wird. Da diese, soeben von uns erarbeiteten, Erkenntnisse von enormer Wichtigkeit für unseren weiteren Weg zur Liebe und zum wahren Licht sind, werden wir darauf in einem weiterführenden Buch dieser Reihe nochmals vertiefend darauf zurückkommen.

---

[3] siehe auch Kapitel: ‚Über die Scheinwelt um uns oder alles ist Maya' der Gesamtausgabe dieses Buches

Wie können wir jetzt aber die oben unter den Punkten 1-3 aufgeführten Dinge für uns umsetzen?
Als Erstes muss man ehrlich und ernsthaft erkennen (wollen), dass dies ein Bild ist. In unsere ‚sinnlich-materialistische' Welt übertragen bedeutet dies, dass wir uns dem WISSEN öffnen müssen, dass diese uns umgebende Welt nur ein (kleiner) Teil der uns real umgebenden GESAMTWELT ist. Der Volksmund sagt dazu: ‚Man muss sich im Kopf darüber klar werden'. In unserem Beispiel vom zweidimensionalen Bild ist dies das WISSEN und die GEWISSHEIT darüber, dass es mindestens eine weitere (hier: dritte) Dimension gibt und diese auch um mich herum real existent ist. Selbst dann, wenn ich diese mit meinen mir bislang zugänglichen (irdischen sechs) Sinnen scheinbar nicht erkennen kann. ‚Scheinbar' daher, weil ich manche Erscheinungen dieser höheren Welt durchaus in meiner bisherigen Welt, der Welt der irdischen sechs Sinne, ‚erspüren' oder auch bemerken kann, wenn nur der feste Wille und meine feste Entschlossenheit dazu in mir vorhanden sind. Denn es gibt bereits schon in der uns ach so geläufigen irdischen Welt unserer sechs Sinne Beispiele für die in uns (im Moment noch) verborgenen göttlichen Sinne und die uns umgebende göttliche Kraft.
Ein einfaches Beispiel soll uns dies verdeutlichen:
Vielleicht ist es Ihnen schon einmal passiert, dass Sie allein auf einer unbelebten Straße unterwegs waren. Plötzlich haben Sie ‚das Gefühl', dass Sie irgendjemand beobachtet. Sie drehen sich um und schauen ZIELGERICHTET zu einem Fenster im zweiten Stockwerk eines Hauses HINTER Ihnen. An diesem Fenster sehen Sie einen Menschen, der unverwandt zu Ihnen herunterblickt.
Was ist hier geschehen?

Bekannter Weise haben wir an unserem Hinterkopf keine ‚Augen', also auch keinen der sechs irdischen Sinne und dennoch haben wir ‚das Gefühl' gehabt, dass uns jemand von hinten und sogar von einem erhöhten Standort aus beobachtet. Mehr noch, wir haben unseren Augen-Blick, bereits noch im Umdrehen begriffen, diesem Menschen dort oben ZIELGERICHTET zugewendet.
Und so ist es auch immer, wenn wir ‚so ein Gefühl in uns haben', dass wir irgendetwas tun oder eben auch irgendetwas unterlassen sollen. Hier sprechen unsere, im Moment noch dem BEWUSSTEN Erkennen verborgenen, GÖTTLICHEN SINNE zu uns. Immer, wenn wir unserer Intuition, unserem Gefühl und unserem Geist folgen, spricht das GÖTTLICHE in uns direkt zu unserem irdischen Bewusstsein.

Werden Sie sich einfach dieser göttlichen Sinne in uns jeden Tag immer wieder bewusst.

Mit diesen göttlichen Sinnen können wir sogar bereits JETZT schon mit anderen Menschen kommunizieren. Zumindest bereits in der Form, dass unser Kommunikationsversuch von diesen wahrgenommen wird. Dieser Vorgang ist im Allgemeinen heute schon von allen Menschen, welche im guten oder zumindest schon im neutralen Seelenbereich behaftet sind, möglich. Probieren Sie es einfach einmal aus. Lassen Sie sich jedoch auf garkeinen Fall von der im Straßenverkehr erforderlichen Vorsicht und Rücksichtnahme ablenken. Der Verfasser übernimmt ausdrücklich hierfür keinerlei Haftung.

Der Versuch:
Fahren Sie mit Ihrem Auto auf einer absolut freien Straße mit normaler Geschwindigkeit. Wenn Sie jetzt auf der ANDEREN

Straßenseite auf dem Fußweg eine Person sehen, welche in die gleiche Richtung geht (Ihnen also den Rücken zuwendet) wenden Sie dieser Person Ihre Gedanken zu. Konzentrieren Sie Ihren Fokus auf diese Person und auf den Gedanken, dass Sie mit dieser Person kommunizieren wollen. Schauen Sie diese Person dabei unverwandt an. Achten Sie jedoch darauf, dass Sie alle notwendige Vorsicht, welche im Straßenverkehr erforderlich ist, immer dabei walten lassen.

Was, denken Sie, wird wohl passieren?

Wir wollen uns jetzt jedoch wieder den weiteren oben unter den Punkten 2-3 aufgeführten Dingen und deren Umsetzung für uns zuwenden:

Man muss lernen, sich zumindest gedanklich über dieses, leider nur zweidimensionale, Bild zu erheben. Wenn man die reale Existenz dieser höheren Gesamtwelt erkannt oder zumindest auch nur erst einmal für sich ‚akzeptiert' hat, ist man bereits schon in der Lage, sich gedanklich über dieses zweidimensionale ‚Bild', die ausschließliche Teil-Welt unserer ‚sinnlich-materialistischen Wahrnehmung', zu ERHEBEN. Dies ist einfacher, als man denkt. Denn bereits von dem Moment an, wenn wir tief in uns zu ‚spüren' beginnen, dass diese GESAMTWELT WAHRHAFTIG für uns EXISTENT ist, wird dies zu einem sich selbst erfüllenden Prozess, zu einer sich selbst erfüllendem Prophezeiung. [4]

---

4 Siehe auch das entsprechende Kapitel der Gesamtausgabe dieses Buches – ‚The ‚Self fullfilling prophecy' – die selbsterfüllende Prophezeiung'

Wenn wir jeden Tag, jede Stunde und jeden Augenblick unseres Daseins auf dieser Erde die tatsächliche Existenz dieser höheren (weil geistigen) Welten leben und zu ERLEBEN beginnen, entwickeln sich in uns die Sinne, die uns ermöglichen, die (höhere) Sicht, in unserem Beispiel war dies die dritte Dimension, auf diese Dinge zu gewinnen. Mit jedem Tag werden sich uns die Tore zum Verständnis und zur Erkenntnis dieser uns bestimmten realen Gesamtwelt immer weiter und weiter öffnen und so den Weg frei machen zu dem uns bestimmten letzten und golden leuchtenden Tor mit der Aufschrift ‚Ziel Deines Lebens'. Die ‚Techniken' dieses zu erreichen sind so verschieden, wie wir Menschen Individuen sind. Eines ist jedoch allen diesen Wegen immer gleich geblieben, der **WILLE** und die **Entschlossenheit**, sich über diese beschränkte Welt des irdischen Daseins als **MENSCH** zu erheben.

„Der WILLE versetzt Berge."
Deutsches Sprichwort [5]

Der WILLE, unser unumstößlicher und durch nichts zu erschütternder WILLE und unsere feste Entschlossenheit, ist somit die entscheidende Kraft in uns, um diesen Weg weiter zu beschreiten.
Und so wollen wir uns jetzt noch einmal gemeinsam unserem im Kapitel: **Von der Idee der ‚real existierenden Gesamtwelt'** gebasteltem Modell des ‚Wirklichkeitsstrahles' zuwenden. Was würde die Anwendung der eben von uns erarbeiteten Erkenntnisse jetzt wohl auf unser Modell des ‚Wirklichkeitsstrahles' bedeuten?

---

[5] Deutsches Sprichwort, mit hoher Wahrscheinlichkeit in Anlehnung an die Bibel, Neues Testament, Matthäus 21,21

Nun zuerst einmal müssen wir uns absolut klar darüber sein, dass wir unter Anstrengung unseres maximal möglichen WILLENS jeweils einen größeren Zeitraum dieses irdischen Lebens überblicken können. So können wir uns auch im Allgemeinen WILLENTLICH an zeitlich weiter **zurückliegende** Ereignisse oder aber auch an räumlich weit entfernte Orte, welche uns jedoch aus unserer **Vergangenheit** bekannt sein müssen, in unserem Denken versetzen. Der neue ‚Reiter' müsste somit zuerst einmal über ein **größeres** ‚Fenster' verfügen.

Die bisherige Beschränkung, des ersten ‚Reiters' immer nur weiter in der Zeit nach vorne gleiten zu können, ist durch unser FREIES und WILLENTLICHES Denken, zumindest in gewissen Grenzen, aufgehoben.

An einem einfach nachzuvollziehenden Beispiel wollen wir uns dieses verdeutlichen:
Dazu benötigen wir eine halbvolle Flasche Mineralwasser und ein leeres Glas passender Größe. Gießen Sie jetzt bitte den gesamten Inhalt der Flasche in das Glas vor Ihnen. Keine Bange, das Glas wird zwar gut gefüllt sein, läuft aber nicht über. ;-)
Trinken Sie jetzt das Glas in kleinen Schlucken langsam aus. Beobachten Sie dabei, wie das Wasser Schluck für Schluck langsam und erfrischend die Kehle hinabrinnt. Wohltuendes und wohlschmeckendes Wasser ist das. Stellen Sie das nunmehr leere Glas vor sich auf den Tisch, direkt neben die ebenfalls leere Wasserflasche.

Schließen Sie jetzt die Augen. Atmen Sie ruhig ein und aus. Der Fokus liegt dabei jedoch nur auf dem **Ausatmen.**

Warten Sie geduldig, bis alle Gedanken in Ihnen vollständig zur Ruhe gekommen sind.

Nehmen Sie jetzt in Gedanken die halbgefüllte Flasche Mineralwasser und gießen Sie den Inhalt langsam in das leere Glas. Das Wasser rinnt und fließt langsam aus der Flasche und füllt das Glas immer mehr und mehr. Stellen Sie die nunmehr leere Flasche auf den Tisch zurück. Nehmen Sie das Glas und trinken Sie das wohlschmeckende Wasser in kleinen Schlucken. Langsam rinnt das kühle und erfrischende Wasser ihre Kehle hinab...
Auch wenn Ihnen dieses Gedankenexperiment vielleicht etwas ‚trivial' [6] vorkommen mag, haben wir uns doch soeben, zumindest in Gedanken, rückwärts in der Zeit bewegt. Es war uns möglich, die von uns bereits geleerte Flasche Mineralwasser nochmals zu füllen und deren Inhalt, zumindest in unserer Gedankenwelt, nochmals zu trinken. Seien Sie sich jedoch gewiss: auch wenn uns dies im Moment vielleicht noch nicht vollständig klar geworden sein sollte, ganz so ‚trivial' wie es vielleicht oberflächlich betrachtet erscheint, ist dies tatsächlich nicht.

„Wenn ein Mensch in seiner Dachkammer ein Verlangen hegt, das stark genug ist, setzt er von seiner Dachkammer aus die Welt in Brand.
Antoine de Saint-Exupéry

Wenn wir diese Erkenntnis jetzt auf unseren **neuen** ‚Reiter' beziehen, können wir uns das so vorstellen, dass der ‚Reiter' in der

---

[6] ‚trivial' meint hier so viel, wie: einfach oder schlicht

‚Gegenwart‘ [7] mit einem ‚Gummiband‘ befestigt ist. Je mehr wir unseren Willen anstrengen, desto weiter können wir das ‚Gummiband‘ dehnen und uns so von der ‚Gegenwart‘ entfernen. Lassen wir jedoch mit unserer Willensanstrengung nach, wird der ‚Reiter‘ sofort und unmittelbar wieder in die ‚Jetzt-Zeit‘ und den ‚Hier-Raum‘ zurückgezogen. Allerdings ist dies auf dieser Stufe unserer Erkenntnis nur in **eine** Richtung möglich. In Richtung **Vergangenheit**. Beachten Sie bitte auch, dass das ‚Gummiband‘ nicht endlos dehnbar ist. Und so können wir uns niemals so weit über den Zeitpunkt unserer ‚Geburt‘ in Richtung vorhergegangene Inkarnation hinausbewegen, dass wir diese so erreichen könnten. Wir können somit auf DIESER Stufe unserer Erkenntnis (noch) keine vorhergegangenen Inkarnationen betrachten.

Lassen Sie uns nun den bisherigen ‚Wirklichkeitsstrahl‘ durch den ‚WIRKLICHKEITSSTRAHL DER ERKENNTNIS UNSERER DERZEIT MAXIMAL MÖGLICHEN WILLENSANSTREGUNG‘ ersetzen. Bereiten Sie den auf der Buchseite 29/30 abgedruckten **neuen** ‚Wirklichkeitsstrahl‘ in der uns bereits bekannten Art und Weise vor.

Viel Spaß beim basteln. :-)

---

[7] ‚Gegenwart‘ bedeutet hier: ‚aktueller Raum‘ und ‚aktuelle Zeit‘ nach sinnlich-materialistischer Sichtweise oder auch: ‚Hier-Raum‘ und ‚Jetzt-Zeit‘

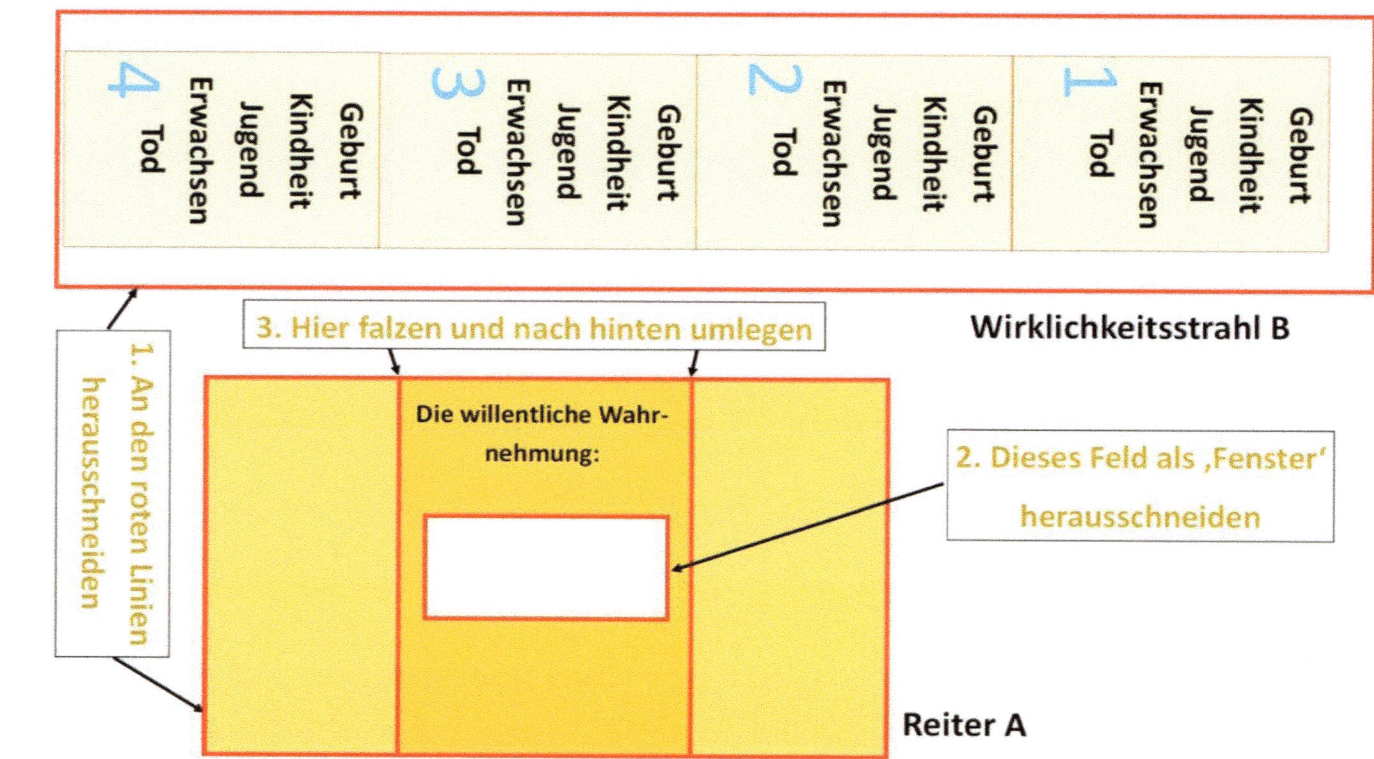
Geburt
Kindheit
Jugend
Erwachsen
Tod
1
Geburt
Kindheit
Jugend
Erwachsen
Tod
2
Geburt
Kindheit
Jugend
Erwachsen
Tod
3
Geburt
Kindheit
Jugend
Erwachsen
Tod
4
Wirklichkeitsstrahl B
3. Hier falzen und nach hinten umlegen
1. An den roten Linien herausschneiden
Die willentliche Wahr-nehmung:
2. Dieses Feld als ‚Fenster' herausschneiden
Reiter A

Experimente mit dem ‚Reiter der maximal möglichen Willensanstrengung als Mensch‘

Lassen Sie uns zunächst mit derselben Startbedingung, wie schon bei unserem ‚Wirklichkeitsstrahl der sinnlich-materialistischen Wahrnehmung‘ beginnen:

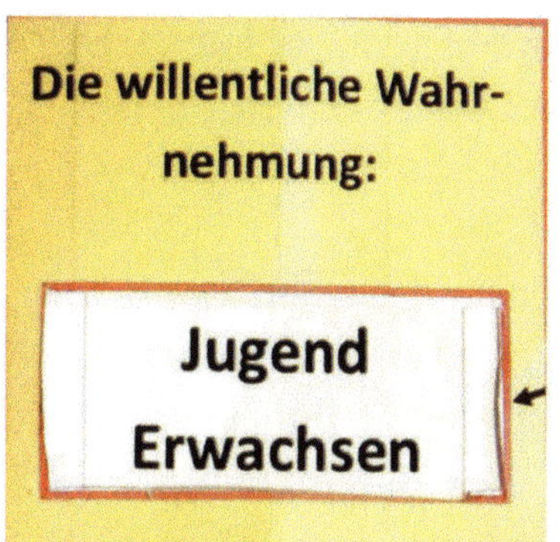

<-- Unseren Reiter stellen wir dazu wieder auf das ‚2. Leben‘ und dort auf den Bereich: ‚Erwachsen‘. Was uns dabei jedoch sofort auffällt ist, dass uns auch der gesamte Bereich unserer vorangegangen ‚Jugend‘ durch unsere Willensanstrengung zugänglich geworden ist. Oder anders formuliert: wir können jeweils durch unsere Willensanstrengung einen größeren Bereich unseres bereits <u>vergangenen</u> Lebens dabei überblicken (uns daran mühelos erinnern).

Dies gilt ebenso für die noch weiter **zurückliegende** Kindheit. Mehr noch, bei äußerster Willensanstrengung ist es bereits den besonders weit entwickelten Menschen möglich, sich gedanklich darüber hinaus bis zu ihrer Geburt in dieses Leben zu bewegen.

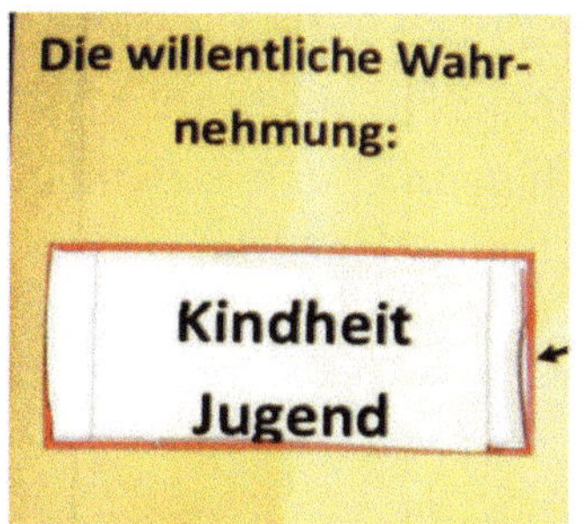

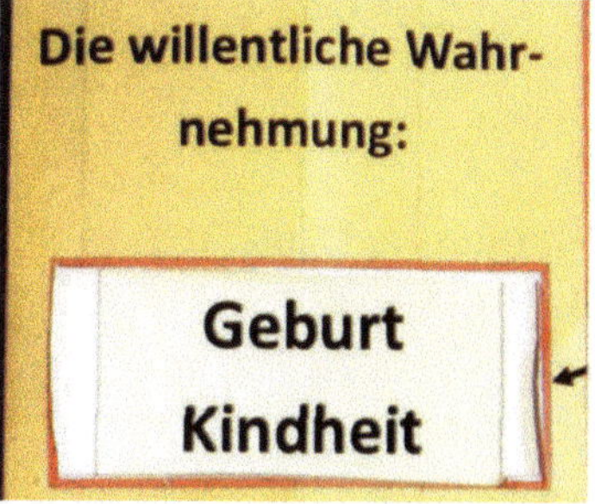

Da jedoch auch dieser Erkenntnisstand im Wesentlichen ‚Raum' und ‚Zeit' unterliegt, ist ein Blick in die Zukunft, also in die ‚Zeit' die unserer ‚Jetzt-Zeit' nachfolgen wird, derzeit noch nicht möglich

Davon gibt es jedoch bereits heute schon eine bedeutende Ausnahme: Allen Menschen, die sich bereits weitestgehend von den negativen (dunklen) Eigenschaften frei gemacht haben, ist am Ende Ihres ‚Lebens' ein besonderer Blick auf einen Teil des ‚göttlichen Erkennens' möglich.

Am Ende dieses irdischen Lebens gibt es für uns einen Moment, in dem die ‚Bilder unseres Lebens, wie ein Film an uns vorüber ziehen', wie aus Nahtod-Erfahrungen heraus berichtet wird. In diesem kurzen Moment sind wir in der Lage, dieses gerade

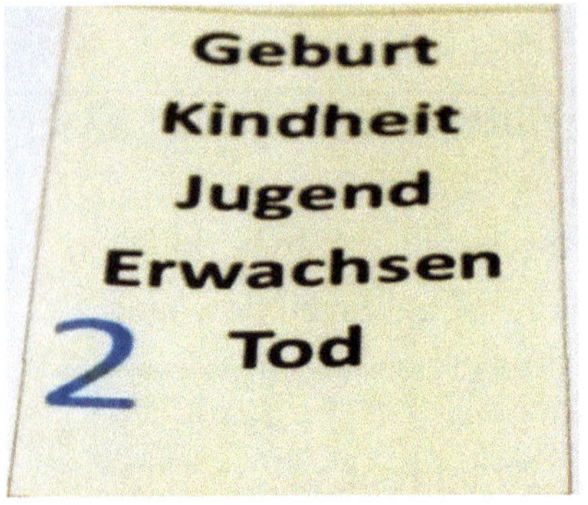

vergehende Erden-Leben (diese Inkarnation) vollständig und losgelöst von den bisherigen Beschränkungen dieses Wirklichkeitsstrahls zu überblicken. Dies gilt jedoch nur und AUSSCHLIESSLICH für die gerade beendete Inkarnation. Darüber hinaus ist uns, sowohl in die Vergangenheit, als auch in die Zukunft hinein, keinerlei Erkenntnis möglich.